Curso

MAD360

*La diferencia entre aprobar
y sacar plaza*

Auxiliar de Administración General

COMUNIDAD DE MADRID

AF212125

(Acceso Libre)

Si aún no dispones de tu **Curso MAD360**, te ofrecemos un acceso GRATIS de 30 días para que disfrutes de los siguientes recursos:

- Técnicas de Memoria 360.
- MADTEST: Test *online* Nivel PRO.
- Temario en formato digital.
- Vídeos.
- Esquemas.
- Planificación de estudio.
- Foro entre opositores hasta la fecha del examen.*
- Recursos y novedades exclusivas.
- Consúltanos sobre tu oposición y proceso selectivo.
- Actualizaciones legislativas (Boletines Oficiales) hasta 60 días antes de la fecha del examen.*

Para acceder a esta prueba del Curso MAD360** será necesaria la compra de todos los libros para esta especialidad de la edición 2025.

Regístrate en **mad.es/iniciar-sesion** y en la pestaña BIBLIOTECA valida los códigos que encuentras en la última página de tus libros.

NOTA IMPORTANTE:

* Examen de esta categoría profesional correspondiente a la convocatoria publicada en el BOCM n.º 113, de 13 de mayo 2025, o hasta el 30 de junio de 2026, lo que se cumpla antes, y previa renovación del servicio.

** El acceso al CURSO MAD360 estará disponible desde junio de 2025 (algunos recursos podrían estar disponibles en fecha posterior). Tendrá una duración de 30 días RENOVABLES mediante pago, desde la validación de códigos, o hasta el 31 de diciembre de 2026, lo que se cumpla antes.

MAD se reserva el derecho a ampliar dichas fechas.

Auxiliar de Administración General de la Comunidad de Madrid (Acceso Libre)

Junio, 2025

Auxiliar de Administración General de la Comunidad de Madrid (Acceso Libre)

Test del temario

Autores

ELENA GARCÍA FERNÁNDEZ
Licenciada en Derecho

JOSÉ ANTONIO GUERRERO ARROYO
Cuerpo Superior de Letrados
Cuerpo Superior Jurídico de Comunidad Autónoma

MARÍA JOSÉ ASQUERINO LAMPARERO
Profesora ayudante doctora Universidad de Sevilla

PATRICIA PÉREZ SÁNCHEZ-ROMATE
Licenciada en Derecho

FRANCISCO JESÚS TORRES FONSECA
Licenciado en Derecho

CARLOS TOJEIRO ALCALÁ
Ingeniero Informático
Titulado MCP de Microsoft

© 7 Editores Recursos para la Cualificación Profesional y el Empleo, S.L. (7 Editores)
© Los autores
Primera edición, junio 2025 (102 páginas)
Derechos de edición reservados a favor de 7 Editores
IMPRESO EN ESPAÑA
Diseño Portada: 7 Editores
Edita: 7 Editores
Avda. San Francisco Javier, 9 · Edificio Sevilla 2 · Planta 11 · Módulos 25-27 · 41018 Sevilla
Teléfono: 954 784 411 · WEB: www.mad.es · e-mail: administracion@7editores.com
ISBN: 978-84-142-9588-5
© "Editorial Mad" y "Eduforma" son nombres comerciales registrados de
7 Editores Recursos para la Cualificación Profesional y el Empleo, S.L.

Índice

I. Organización Política

II. Ofimática

I. Organización Política

TEST N.º 1

La Constitución Española de 1978: características. Los principios constitucionales y los valores superiores. Derechos y deberes fundamentales. Su garantía y suspensión

1. El artículo 10 de la Constitución Española contempla:

a) Que la dignidad de la persona es fundamento del orden político y de la paz social.
b) El primero de los derechos fundamentales contenidos en la misma.
c) La prohibición de lesión a la persona física.
d) La interpretación de la Declaración Universal de Derechos Humanos conforme a la Constitución Española.

2. ¿Cuál de los siguientes no se especifica en el artículo 10.1 como fundamento del orden político y la paz social?

a) La dignidad de la persona.
b) Los derechos inviolables de la persona.
c) La seguridad jurídica.
d) El libre desarrollo de la personalidad.

3. En relación con la dignidad de la persona:

a) En realidad, la Constitución solamente la reconoce a la persona en tanto que ciudadana.
b) Puede verse alterada, jurídicamente hablando, atendiendo a la situación en que la persona se encuentre.
c) No admite grados.
d) Es renunciable y disponible.

4. El artículo 10 de la Constitución Española:

a) No reconoce el valor de los Tratados Internacionales, dándole el máximo y único valor a la Constitución.
b) Dispone que los tratados y acuerdos ratificados por España sirven de parámetro interpretativo de los derechos y libertades establecidos en la Constitución.

c) Reconoce únicamente validez, en relación con los derechos humanos, a la Declaración Universal de Derechos Humanos.

d) Establece que los Tratados Internacionales ratificados por España se situarán en una posición superior en la jerarquía normativa respecto de la Constitución.

5. De la Constitución se desprende que:

a) Los derechos y libertades establecidos en Tratados internacionales no tienen valor.

b) Los derechos y libertades establecidos en Tratados internacionales tienen rango constitucional.

c) Los derechos y libertades establecidos en Tratados internacionales tienen rango constitucional únicamente en la medida en que también estén reconocidos en la Constitución Española.

d) Los derechos reconocidos en Tratados internacionales tienen eficacia directa, por este hecho, en los tribunales españoles, aunque no hayan estado ratificados por el Estado español.

6. En relación con la nacionalidad española:

a) La Constitución establece que solamente se puede adquirir por nacimiento.

b) Se adquiere únicamente por nacimiento, no obstante, un extranjero puede optar a la residencia.

c) Se puede adquirir.

d) Nunca se puede perder.

7. En base a la Constitución Española:

a) Un español nunca puede perder su nacionalidad.

b) Ningún español de origen podrá ser privado de su nacionalidad.

c) La nacionalidad siempre se conserva.

d) No se admite la doble nacionalidad de un español.

8. En relación con la doble nacionalidad:

a) La Constitución Española no la permite.

b) El Estado puede concertar tratados de doble nacionalidad con los países iberoamericanos o con aquellos que hayan tenido o tengan una particular vinculación con España.

c) Solamente se puede reconocer en relación con la nacionalidad de otros países europeos.

d) Solamente se puede reconocer en relación con antiguos países que formaban parte de la Corona española.

9. ¿Cuál de las siguientes afirmaciones es falsa?

a) No es la primera vez que una Constitución Española regula aspectos relacionados con la nacionalidad.

b) La Constitución Española no es la única a nivel mundial que contiene regulación respecto de la nacionalidad de los ciudadanos del Estado.

c) En la Constitución se desarrollan las formas de adquisición, conservación y pérdida de la nacionalidad española, dada su importancia.

d) La nacionalidad es una cualidad jurídica de la persona.

10. En base al artículo 12 de la Constitución Española:

a) Los españoles se pueden emancipar a los dieciocho años.

b) Los españoles se pueden emancipar a los dieciséis años.

c) Los españoles son mayores de edad a los dieciocho años.

d) Los españoles son mayores de edad a los veintiún años.

En MADTEST tienes **más preguntas de este tema**, y todos tus avances quedan registrados y se reflejan en el ranking.

¡Supera tus límites con MADTEST!

Solución al test n.º 1

1. a) Que la dignidad de la persona es fundamento del orden político y de la paz social.

2. c) La seguridad jurídica.

3. c) No admite grados.

4. b) Dispone que los tratados y acuerdos ratificados por España sirven de parámetro interpretativo de los derechos y libertades establecidos en la Constitución.

5. c) Los derechos y libertades establecidos en Tratados internacionales tienen rango constitucional únicamente en la medida en que también estén reconocidos en la Constitución Española.

6. c) Se puede adquirir.

7. b) Ningún español de origen podrá ser privado de su nacionalidad.

8. b) El Estado puede concertar tratados de doble nacionalidad con los países iberoamericanos o con aquellos que hayan tenido o tengan una particular vinculación con España.

9. c) En la Constitución se desarrollan las formas de adquisición, conservación y pérdida de la nacionalidad española, dada su importancia.

10. c) Los españoles son mayores de edad a los dieciocho años.

TEST N.º 2

El Estatuto de Autonomía de la Comunidad de Madrid: estructura y contenido. Las competencias de la Comunidad de Madrid: potestad legislativa, potestad reglamentaria y función ejecutiva. La Asamblea de Madrid: composición, elección y funciones

1. La Comunidad Autónoma de Madrid se denomina:

a) Madrid.
b) Comunidad Autónoma de Madrid.
c) Comunidad de Madrid.
d) CCMM.

2. La Comunidad de Madrid, al facilitar la más plena participación de los ciudadanos en la vida política, económica, cultural y social, aspira a hacer realidad los principios de:

a) Libertad, justicia e igualdad.
b) Libertad, justicia y solidaridad.
c) Solidaridad y autonomía.
d) Justicia y eficiencia.

3. El territorio de la Comunidad de Madrid es el comprendido dentro de los límites de:

a) La Comunidad Autónoma.
b) La Comunidad de Madrid.
c) La provincia de Madrid.
d) El Municipio de Madrid.

4. ¿Cómo se organiza territorialmente la Comunidad de Madrid?

a) En Ayuntamientos.
b) En entidades Locales.

c) En Mancomunidades.
d) En Municipios.

5. ¿Cómo es la Bandera de la Comunidad de Madrid?

a) Roja, con siete estrellas en blanco, de seis puntas, colocadas cuatro y tres en el centro del lienzo.
b) Roja, con seis estrellas en blanco, de cinco puntas, colocadas cuatro y tres en el centro del lienzo.
c) Roja carmesí, con siete estrellas en blanco, de seis puntas, colocadas cuatro y tres en el centro del lienzo.
d) Roja carmesí, con siete estrellas en blanco, de cinco puntas, colocadas cuatro y tres en el centro del lienzo.

6. El Escudo de la Comunidad de Madrid se establece:

a) Por Ley de la Asamblea.
b) Por el Estatuto de Autonomía.
c) Por la Constitución Española.
d) Por Orden Ministerial.

7. La villa de Madrid, por su condición de capital del Estado y sede de las Instituciones generales, tendrá un régimen especial, regulado por:

a) Decreto Ley.
b) Real Decreto.
c) Orden Ministerial.
d) Ley votada en Cortes.

8. ¿Dónde están establecidos los derechos y deberes fundamentales de los ciudadanos de la Comunidad de Madrid?

a) En el Estatuto de Autonomía.
b) En la Constitución Española.
c) En un Decreto autonómico.
d) En una Orden de la Comunidad de Madrid.

9. Los Poderes de la Comunidad de Madrid se ejercen a través de sus instituciones de autogobierno:

a) La Asamblea y el Presidente de la Comunidad.
b) La Asamblea y el Gobierno.
c) La Asamblea, el Gobierno y el Presidente de la Comunidad.
d) Ninguna es correcta.

10. ¿A quién representa la Asamblea?

a) Al municipio.
b) A la Comunidad de Madrid.
c) A la Comunidad Autónoma de Madrid.
d) Al pueblo de Madrid.

Solución al test n.º 2

1. c) Comunidad de Madrid.

2. a) Libertad, justicia e igualdad.

3. c) La provincia de Madrid.

4. d) En Municipios.

5. d) Roja carmesí, con siete estrellas en blanco, de cinco puntas, colocadas cuatro y tres en el centro del lienzo.

6. a) Por Ley de la Asamblea.

7. d) Ley votada en Cortes.

8. b) En la Constitución Española.

9. c) La Asamblea, el Gobierno y el Presidente de la Comunidad.

10. d) Al pueblo de Madrid.

TEST N.º 3

La Ley de Gobierno y Administración de la Comunidad de Madrid: estructura y contenido. El Gobierno de la Comunidad de Madrid. Organización y estructura básica de las Consejerías. La Administración Institucional de la Comunidad de Madrid

1. El Presidente de la Comunidad de Madrid ostenta la suprema representación de la Comunidad Autónoma y la ordinaria del Estado en la misma, y además:

a) Preside la acción del Consejo de Gobierno y de la administración autonómica.
b) Dirige y coordina la acción del Consejo de Gobierno y de la administración autonómica.
c) Coordina la acción del Consejo de Gobierno y de la administración autonómica.
d) Preside, dirige y coordina la acción del Consejo de Gobierno y de la administración autonómica.

2. El Presidente de la Comunidad de Madrid es elegido de entre sus miembros por la Asamblea y nombrado por el Rey, mediante:

a) Ley.
b) Orden Ministerial.
c) Real Decreto.
d) Decreto Ley.

3. El Presidente, por razón de su cargo, tiene derecho a recibir el tratamiento de:

a) Señoría.
b) Excelencia.
c) Ilustrísimo.
d) Señor.

4. El Presidente de la Comunidad de Madrid tiene derecho a percibir, con cargo a los Presupuestos Generales de la Comunidad Autónoma, los sueldos y retribuciones que en los mismos se determinen y cuya cuantía no podrá ser superior a la asignada:

a) Al cargo de Secretario de Estado del Gobierno de la Nación en los Presupuestos Generales del Estado.
b) Al cargo de Consejero en los Presupuestos Generales del Estado.

c) Al cargo de Diputado en los Presupuestos Generales del Estado.

d) Al cargo de Ministro en los Presupuestos Generales del Estado.

5. El impulso de la acción política y de gobierno:

a) No podrá ser ejercido por la Asamblea, en ningún caso.

b) También podrá ser ejercido por la Asamblea mediante la aprobación de resoluciones, mociones y proposiciones no de Ley.

c) Podrá ser ejercido por la Asamblea mediante aquellos otros procedimientos adecuados a tal efecto que se establezcan por el Gobierno de la Comunidad de Madrid.

d) Ninguna es correcta.

6. El cargo de Presidente de la Comunidad de Madrid, ¿es compatible con el ejercicio de toda actividad laboral, profesional o empresarial?

a) Sí, puesto que no se contempla ninguna compatibilidad.

b) No, en ningún caso.

c) Solo con algunas actividades laborales.

d) Solo con algunas actividades profesionales.

7. Como supremo representante de la Comunidad Autónoma, corresponde al Presidente de la Comunidad:

a) Ostentar la alta representación de dicha Comunidad en las relaciones con las demás instituciones del Estado y sus administraciones.

b) Firmar los convenios y acuerdos de cooperación que, en virtud del artículo 32 del Estatuto de Autonomía, se celebren o establezcan con otras Comunidades Autónomas.

c) Convocar elecciones a la Asamblea de Madrid en los términos señalados en el artículo 11 del Estatuto de Autonomía.

d) Todas las opciones son correctas.

8. ¿A quién corresponde aprobar el proyecto del presupuesto anual de la Comunidad y presentarlo a la aprobación de la Asamblea, de acuerdo con lo establecido en el artículo 61 del Estatuto de Autonomía?

a) Al Presidente.

b) Al Consejo de Gobierno.

c) Al Vicepresidente.

d) A la Asamblea.

9. No corresponde al Presidente de la Comunidad de Madrid:

a) Acordar la petición de sesión extraordinaria de la Asamblea.

b) Nombrar y separar de su cargo a los Consejeros.

c) Asegurar la coordinación entre las distintas Consejerías y resolver los conflictos de competencias entre las mismas.

d) Velar por el cumplimiento de los acuerdos del Consejo de Gobierno y de las Comisiones Delegadas.

10. Señala la opción incorrecta:

a) El Presidente, por razón de su cargo, tiene derecho a recibir el tratamiento de excelencia.

b) Corresponde al Presidente ordenar la publicación en el Boletín Oficial de la Comunidad de Madrid del nombramiento de Presidente del Tribunal Superior de Justicia de Madrid.

c) El Presidente podrá delegar funciones ejecutivas y de representación propias en los Vicepresidentes.

d) Los miembros del Gabinete del Presidente no cesan al cesar este.

En MADTEST tienes **más preguntas de este tema**, y todos tus avances quedan registrados y se reflejan en el ranking.

¡Supera tus límites con MADTEST!

Solución al test n.º 3

1. d) Preside, dirige y coordina la acción del Consejo de Gobierno y de la administración autonómica.

2. c) Real Decreto.

3. b) Excelencia.

4. a) Al cargo de Secretario de Estado del Gobierno de la Nación en los Presupuestos Generales del Estado.

5. b) También podrá ser ejercido por la Asamblea mediante la aprobación de resoluciones, mociones y proposiciones no de Ley.

6. b) No, en ningún caso.

7. d) Todas las opciones son correctas.

8. b) Al Consejo de Gobierno.

9. a) Acordar la petición de sesión extraordinaria de la Asamblea.

10. d) Los miembros del Gabinete del Presidente no cesan al cesar este.

TEST N.º 4

Las fuentes del ordenamiento jurídico. La Constitución. Las Leyes: concepto y clases. Las disposiciones del ejecutivo con fuerza de Ley: Decretos-leyes y Decretos legislativos. Los reglamentos: concepto y clases. Otras fuentes

1. Señala cuál de las siguientes es una fuente indirecta de nuestro Derecho Administrativo:

a) Los Reglamentos.
b) La Jurisprudencia.
c) Los Principios Generales del Derecho.
d) La Costumbre.

2. ¿Qué tipo de fuente del Derecho Administrativo son los Reglamentos del Presidente del Gobierno?

a) Directa.
b) Indirecta.
c) Directa subsidiaria.
d) No son fuente de nuestro Derecho Administrativo.

3. Señala cuál de las siguientes no es una fuente directa principal del Derecho Administrativo:

a) Los decretos leyes.
b) Los Principios Generales del Derecho.
c) Los Reglamentos del Presidente del Gobierno.
d) La Constitución.

4. El artículo 1.6.º del Código Civil establece que la jurisprudencia complementará el ordenamiento jurídico con la doctrina que, de modo reiterado, establezca:

a) El Tribunal Constitucional.
b) La Audiencia Nacional.
c) El Tribunal Supremo.
d) Los Tribunales Superiores de Justicia.

5. Indica cuál de las siguientes es una fuente indirecta del Derecho Administrativo:

a) La costumbre.
b) Los Reglamentos.
c) Los Tratados Internacionales.
d) Las leyes ordinarias.

6. ¿A quién atribuye la Constitución Española la titularidad de la potestad legislativa?

a) Únicamente al Estado.
b) A las Cortes Generales exclusivamente.
c) Al Estado y las Comunidades Autónomas.
d) Al Estado, a las Comunidades Autónomas y a las Corporaciones Locales.

7. ¿A quién atribuye el art. 91 de la Carta Magna la potestad para ordenar la inmediata publicación de las leyes aprobadas por las Cortes Generales?

a) Al Rey.
b) Al Presidente del Gobierno.
c) Al Presidente del Congreso de los Diputados.
d) Al Presidente de la Mesa de la Cámara Baja.

8. ¿Cómo se denominan las leyes por las que las Cortes Generales, en materia de competencia estatal, pueden atribuir a todas o a alguna de las Comunidades Autónomas la facultad de dictar, para sí mismas, normas legislativas en el marco de los principios, bases y directrices fijados por una ley estatal?

a) Leyes orgánicas.
b) Leyes ordinarias.
c) Leyes marco.
d) Leyes de armonización.

9. ¿En qué plazo sancionará el Rey las leyes aprobadas por las Cortes Generales?

a) Un mes.
b) Veinte días.
c) Quince días.
d) Diez días.

10. ¿Qué órgano de los siguientes promulga las leyes?

a) El Rey.
b) El Presidente del Gobierno.
c) Las Cortes Generales.
d) El Presidente del Congreso.

En MADTEST tienes **más preguntas de este tema**, y todos tus avances quedan registrados y se reflejan en el ranking.

¡Supera tus límites con MADTEST!

Solución al test n.º 4

1. b) La Jurisprudencia.

2. a) Directa.

3. b) Los Principios Generales del Derecho.

4. c) El Tribunal Supremo.

5. c) Los Tratados Internacionales.

6. c) Al Estado y las Comunidades Autónomas.

7. a) Al Rey.

8. c) Leyes marco.

9. c) Quince días.

10. a) El Rey.

TEST N.º 5

**El acto administrativo: características generales. Requisitos. Eficacia.
Actos nulos y anulables. La revisión de los actos administrativos.
Los recursos administrativos: concepto y clases. Responsabilidad de
las autoridades y personal al servicio de las Administraciones Públicas**

1. Los actos deben motivarse:

a) Siempre.
b) Nunca.
c) Cuando decidan un procedimiento.
d) Cuando la Ley lo prescriba.

2. No tienen por qué motivarse los actos que:

a) Resuelvan recursos.
b) Limiten derechos subjetivos.
c) Se separen del dictamen de órganos consultivos.
d) Todos los anteriores deben motivarse.

**3. En la notificación de todo acto administrativo no es necesario que conste
siempre:**

a) Su texto íntegro.
b) Los recursos que contra el mismo procedan.
c) Los motivos en que se basa la decisión.
d) El plazo de interposición de los recursos.

**4. ¿En qué supuestos la notificación se hará por medio de un anuncio publicado
en el Boletín Oficial del Estado?**

a) Cuando se ignore el lugar de la notificación.
b) Cuando los interesados en un procedimiento sean conocidos.
c) Cuando intentada la notificación, no se hubiera podido practicar.
d) Las respuestas a) y c) son correctas.

5. A tenor del artículo 41 LPACAP, las notificaciones se practicarán preferentemente:

a) Por la vía postal.
b) Telefónicamente.
c) Por medios electrónicos.
d) Por el medio más rápido y económico para la Administración.

6. Las resoluciones administrativas que vulneren lo establecido en una disposición reglamentaria son:

a) Nulas.
b) Válidas.
c) Anulables.
d) Temporalmente válidas.

7. Para que un acto tenga eficacia retroactiva es necesario que:

a) Limite derechos de los particulares.
b) Restrinja el ejercicio de facultades de los particulares.
c) Imponga deberes u obligaciones.
d) No se lesionen derechos de otras personas.

8. La presunción de legitimidad de los actos administrativos:

a) No admite prueba en contrario.
b) Dependerá de lo que el propio acto establezca.
c) Puede ser objeto de impugnación por el particular.
d) Solo se da cuando la Ley expresamente lo diga.

9. Se efectuarán por medios electrónicos las siguientes notificaciones:

a) Todas sin excepción desde la entrada en vigor de la Ley 39/2015.
b) Las que contengan medios de pago a favor de los obligados, tales como cheques.
c) Las de ciertos colectivos de personas físicas que por razón de su capacidad económica tienen acceso y disponibilidad de los medios electrónicos necesarios.
d) Todas son correctas.

10. Los actos dictados prescindiendo total y absolutamente del procedimiento legalmente establecido o de las normas que contienen las reglas esenciales para la formación de la voluntad de los órganos colegiados, se consideran:

a) Válidos.
b) Nulos de pleno derecho.
c) Anulables.
d) Irregulares.

En MADTEST tienes **más preguntas de este tema**, y todos tus avances quedan registrados y se reflejan en el ranking.

¡Supera tus límites con MADTEST!

Solución al test n.º 5

1. d) Cuando la Ley lo prescriba.

2. d) Todos los anteriores deben motivarse.

3. c) Los motivos en que se basa la decisión.

4. d) Las respuestas a) y c) son correctas.

5. c) Por medios electrónicos.

6. a) Nulas.

7. d) No se lesionen derechos de otras personas.

8. c) Puede ser objeto de impugnación por el particular.

9. c) Las de ciertos colectivos de personas físicas que por razón de su capacidad económica tienen acceso y disponibilidad de los medios electrónicos necesarios.

10. b) Nulos de pleno derecho.

TEST N.º 6

La Ley del Procedimiento Administrativo Común de las Administraciones Públicas: objeto y ámbito de aplicación. Fases del procedimiento: iniciación, ordenación, instrucción y finalización

1. ¿Cuándo podrán los administrados conocer el estado de la tramitación de los procedimientos en los que tengan la condición de interesados?

a) Solo en la fase de instrucción.
b) Únicamente en la fase de alegaciones.
c) Tan solo en la fase de prueba.
d) En cualquier momento.

2. Señala qué recurso cabe contra el acuerdo de acumulación:

a) Recurso de alzada.
b) Recurso extraordinario de revisión.
c) Recurso de reposición, en el plazo de un mes.
d) Ninguno de los recursos anteriores.

3. ¿Cuándo se iniciarán de oficio los procedimientos?

a) Por denuncia.
b) Por acuerdo del órgano competente.
c) Por propia iniciativa.
d) Todas las respuestas son correctas.

4. Señala la respuesta incorrecta respecto al inicio del procedimiento por denuncia:

a) Las denuncias deberán expresar la identidad de la persona o personas que las presentan y el relato de los hechos que se ponen en conocimiento de la Administración.
b) La presentación de una denuncia confiere, por sí sola, la condición de interesado en el procedimiento.

c) Cuando la denuncia invocara un perjuicio en el patrimonio de las Administraciones Públicas la no iniciación del procedimiento deberá ser motivada y se notificará a los denunciantes la decisión de si se ha iniciado o no el procedimiento.

d) Se entiende por denuncia el acto por el que cualquier persona, en cumplimiento o no de una obligación legal, pone en conocimiento de un órgano administrativo la existencia de un determinado hecho que pudiera justificar la iniciación de oficio de un procedimiento administrativo.

5. ¿En qué caso se podrá imponer una sanción sin que se haya tramitado el oportuno procedimiento?

a) En casos de urgente necesidad.

b) En situaciones excepcionales, como por ejemplo, situaciones de crisis sanitarias o epidemias.

c) Las respuestas a) y b) son correctas.

d) En ningún caso.

6. ¿Cuál de los siguientes datos no es necesario que figure en las solicitudes de iniciación del procedimiento por parte de los interesados?

a) Número de teléfono.

b) Hechos, razones y petición en que se concrete, con toda claridad, la solicitud.

c) Órgano, centro o unidad administrativa a la que se dirige y su correspondiente código de identificación.

d) Firma del solicitante o acreditación de la autenticidad de su voluntad expresada por cualquier medio.

7. Los documentos que los interesados dirijan a los órganos de las Administraciones Públicas podrán presentarse:

a) En las oficinas de Correos, en la forma que reglamentariamente se establezca.

b) En el registro electrónico de la Administración u Organismo al que se dirijan.

c) En las representaciones diplomáticas u oficinas consulares de España en el extranjero.

d) Todas las respuestas son correctas.

8. Los interesados solo podrán solicitar el inicio de un procedimiento de responsabilidad patrimonial, cuando no haya prescrito su derecho a reclamar. El derecho a reclamar prescribirá:

a) Al año de producido el hecho o el acto que motive la indemnización o se manifieste su efecto lesivo.

b) A los dos años de producido el hecho o el acto que motive la indemnización o se manifieste su efecto lesivo.

c) A los cinco años de producido el hecho o el acto que motive la indemnización o se manifieste su efecto lesivo.

d) Este derecho no prescribe.

9. ¿De acuerdo con qué principio se acordarán en un solo acto todos los trámites que, por su naturaleza, admitan un impulso simultáneo y no sea obligado su cumplimiento sucesivo?

a) Con el principio de oficialidad.
b) Con el principio de eficacia.
c) Con el principio de simplificación administrativa.
d) Con el principio de rapidez administrativa.

10. Salvo en el caso de que en la norma correspondiente se fije plazo distinto, los trámites que deban ser cumplimentados por los interesados deberán realizarse en el plazo de:

a) Siete días a partir del siguiente al de la notificación del correspondiente acto.
b) Diez días a partir del siguiente al de la notificación del correspondiente acto.
c) Quince días a partir del siguiente al de la notificación del correspondiente acto.
d) Un mes a partir del siguiente al de la notificación del correspondiente acto.

Solución al test n.º 6

1. d) En cualquier momento.

2. d) Ninguno de los recursos anteriores.

3. d) Todas las respuestas son correctas.

4. b) La presentación de una denuncia confiere, por sí sola, la condición de interesado en el procedimiento.

5. d) En ningún caso.

6. a) Número de teléfono.

7. d) Todas las respuestas son correctas.

8. a) Al año de producido el hecho o el acto que motive la indemnización o se manifieste su efecto lesivo.

9. c) Con el principio de simplificación administrativa.

10. b) Diez días a partir del siguiente al de la notificación del correspondiente acto.

TEST N.º 7

La Jurisdicción Contencioso-Administrativa: su organización. Las partes. Actos impugnables. Las fases principales del procedimiento contencioso-administrativo

1. El plazo previsto por la Ley reguladora de la Jurisdicción Contencioso-Administrativa para interponer el recurso contencioso-administrativo contra un acto presunto es de:

a) Un mes.
b) Dos meses.
c) Seis meses.
d) Ninguno, al ser imposible atacar los actos presuntos en esta vía jurisdiccional.

2. La Jurisdicción Contencioso-Administrativa, en cuanto a la responsabilidad patrimonial de la Administración Pública cuando esta actúe como persona de Derecho privado:

a) Solo actúa subsidiariamente, tras la Jurisdicción Ordinaria.
b) Es plenamente competente.
c) Carece de competencia alguna.
d) Con carácter alternativo, a expensas del propio afectado, intervendrá.

3. El reconocimiento a una persona de la condición de parte en un proceso concreto deriva de su:

a) Capacidad procesal.
b) Legitimación.
c) Postulación.
d) Todo lo anterior.

4. La impugnación indirecta, en vía jurisdiccional, de un Reglamento, cuando previamente no se ha impugnado directamente:

a) Es perfectamente válida.
b) Solo se permite cuando incurra en nulidad de pleno derecho.
c) Está prohibida en nuestro ordenamiento jurídico.
d) Solo se admite cuando la efectúe la propia Administración Pública, tras declaración de lesividad.

5. La declaración de lesividad, a efectos del recurso contencioso-administrativo, se considera:

a) Diligencia preliminar.
b) Alegación previa.
c) Recurso previo.
d) Nada de lo anterior.

6. Los actos administrativos que sean reproducción de otros anteriores definitivos y firmes, a efectos del recurso contencioso-administrativo:

a) No son susceptibles del mismo.
b) Son perfectamente impugnables.
c) Solo pueden impugnarse si producen indefensión.
d) Nada de lo expuesto es correcto.

7. El plazo que se concede para alegaciones previas se computa desde el/la:

a) Emplazamiento de las partes.
b) Emplazamiento para contestar a la demanda.
c) Escrito de interposición del recurso.
d) Presentación de la demanda.

8. Contra el Auto desestimatorio de las alegaciones previas, es posible recurso de:

a) Ningún tipo.
b) Revisión.
c) Casación.
d) Súplica.

9. Si de la contestación a la demanda resultaran nuevos hechos de trascendencia para la resolución del pleito, el recurrente podrá pedir el recibimiento a prueba y expresar los medios de prueba que se propongan dentro de los siguientes días a aquel en que se haya dado traslado de la misma:

a) Veinte días.
b) Dos meses.
c) Treinta días.
d) Cinco días.

10. En defecto de vista, se efectúa/an:

a) Alegaciones.
b) Prueba documental.
c) Conclusiones escritas.
d) Todo lo anterior.

En MADTEST tienes **más preguntas de este tema**, y todos tus avances quedan registrados y se reflejan en el ranking.

¡Supera tus límites con MADTEST!

Solución al test n.º 7

1. c) Seis meses.

2. b) Es plenamente competente.

3. b) Legitimación.

4. a) Es perfectamente válida.

5. a) Diligencia preliminar.

6. a) No son susceptibles del mismo.

7. b) Emplazamiento para contestar a la demanda.

8. a) Ningún tipo.

9. d) Cinco días.

10. c) Conclusiones escritas.

TEST N.º 8

La Ley 19/2013, de 9 de diciembre, de transparencia, acceso a la información pública y buen gobierno: ámbito de actuación, publicidad activa y derecho de acceso a la información pública. Especial referencia a la Comunidad de Madrid. Ley Orgánica 3/2018, de 5 de diciembre, de Protección de Datos Personales y garantía de los derechos digitales: principios y derechos de las personas. Referencia al Delegado de Protección de Datos, y al responsable y encargado del tratamiento. Especialidades en el Sector Público

1. En virtud del derecho de acceso al que se refiere el artículo 15 del Reglamento (UE) 2016/679, del Parlamento Europeo y del Consejo, de 27 de abril, relativo a la protección de las personas físicas en lo que respecta al tratamiento de datos personales y a la libre circulación de estos datos y por el que se deroga la Directiva 95/46/CE:

a) El interesado tendrá derecho a conocer si sus datos de carácter personal están siendo tratados, qué datos son objeto de dicho tratamiento, la finalidad del mismo, el origen de los citados datos y si se han comunicado o se van a comunicar a un tercero.

b) El interesado, previo pago de un canon, tendrá derecho a obtener información sobre sus datos de carácter personal sometidos a tratamiento.

c) El interesado tiene derecho a conocer el nombre y apellidos de las personas que han accedido a sus datos.

d) El interesado tendrá derecho a obtener información de sus datos de carácter personal sometidos a tratamiento, pero no de las comunicaciones que se prevean hacer de ellos.

2. Conforme al RGPD, ¿puede facilitarse la información al interesado de forma verbal?

a) No, en ningún caso.

b) Sí, siempre que lo solicite el interesado.

c) Sí, en cualquier caso siempre que se demuestre la identidad del interesado por otros medios.

d) Sí, cuando lo solicite el interesado y se pueda demostrar su identidad por otros medios.

3. Conforme al artículo 16 del RGPD, teniendo en cuenta los fines del tratamiento, el interesado tendrá derecho a que se completen los datos personales que sean incompletos, inclusive mediante:

a) Levantamiento de acta.
b) Certificación de modificación.
c) Una declaración adicional.
d) Elaboración de anexos.

4. Conforme al artículo 17 del RGPD, el derecho de supresión no se podrá aplicar cuando:

a) Los datos personales ya no sean necesarios en relación con los fines para los que fueron recogidos o tratados de otro modo.

b) Los datos personales se hayan obtenido en relación con la oferta de servicios de la sociedad de la información.

c) Los datos personales hayan sido tratados ilícitamente.

d) Los datos personales sean necesarios para ejercer el derecho a la libertad de expresión e información.

5. En referencia al derecho de oposición, el artículo 21 del RGPD señala que:

a) Cuando el tratamiento de datos personales tenga por objeto la mercadotecnia directa, el interesado tendrá derecho a oponerse en todo momento al tratamiento de los datos personales que le conciernan.

b) A más tardar en el momento de la segunda comunicación con el interesado, el derecho de oposición será mencionado explícitamente al interesado y será presentado claramente y al margen de cualquier otra información.

c) Aun cuando el tratamiento de datos personales tenga por objeto la mercadotecnia directa, el interesado no podrá oponerse a la elaboración de perfiles relacionada con la citada mercadotecnia.

d) Los motivos legítimos para el tratamiento por parte del responsable del tratamiento no pueden prevalecer sobre los intereses, derechos y libertades del interesado.

6. Los datos personales serán tratados de tal manera que se garantice una seguridad adecuada de los mismos, incluida la protección contra el tratamiento no autorizado o ilícito y contra su pérdida, destrucción o daño accidental, mediante la aplicación de medidas técnicas u organizativas apropiadas; todo ello en virtud del principio de:

a) Responsabilidad proactiva.
b) Integridad y confidencialidad.

c) Limitación de la finalidad.
d) Licitud, lealtad y transparencia.

7. Conforme al principio de limitación de la finalidad, los datos personales serán recogidos con fines determinados, explícitos y:

a) Limitados.
b) Transparentes.
c) Compatibles.
d) Legítimos.

8. El tratamiento de datos personales solo podrá considerarse fundado en el cumplimiento de una misión realizada en interés público o en el ejercicio de poderes públicos conferidos al responsable cuando derive de una competencia atribuida por:

a) Una norma con rango de ley.
b) El Reglamento General de Protección de Datos.
c) La Ley Orgánica 3/2018, de 5 de diciembre, de Protección de Datos Personales y garantía de los derechos digitales.
d) Un Reglamento.

9. Conforme al artículo 9 de la LO 3/2018, de 5 de diciembre, de Protección de Datos Personales y garantía de los derechos digitales, cuál de los siguientes tratamientos de datos fundados en el Derecho español deberá estar amparado en una norma con rango de ley:

a) Tratamiento necesario con fines de archivo en interés público, fines de investigación científica o histórica.
b) Tratamiento efectuado, en el ámbito de sus actividades legítimas y con las debidas garantías, por una fundación, una asociación o cualquier otro organismo sin ánimo de lucro, cuya finalidad sea política, filosófica, religiosa o sindical, siempre que el tratamiento se refiera exclusivamente a los miembros actuales o antiguos de tales organismos o a personas que mantengan contactos regulares con ellos en relación con sus fines y siempre que los datos personales no se comuniquen fuera de ellos sin el consentimiento de los interesados.
c) Tratamiento necesario para fines de medicina preventiva o laboral, evaluación de la capacidad laboral del trabajador, diagnóstico médico, prestación de asistencia o tratamiento de tipo sanitario o social, o gestión de los sistemas y servicios de asistencia sanitaria y social.
d) Tratamiento referido a datos personales que el interesado ha hecho manifiestamente públicos.

10. Cuando las solicitudes de ejercicio de los derechos de un interesado en un tratamiento de datos de carácter personal sean manifiestamente infundadas o excesivas, especialmente debido a su carácter repetitivo, el responsable del tratamiento podrá cobrar un canon razonable en función de los costes administrativos afrontados para facilitar la información o la comunicación o realizar la actuación solicitada. A menos que exista causa legítima para ello, se podrá considerar repetitivo el ejercicio del derecho de acceso en más de una ocasión durante el plazo de (a partir de):

a) 3 meses.
b) 6 meses.
c) 10 meses.
d) 1 año.

En MADTEST tienes **más preguntas de este tema**, y todos tus avances quedan registrados y se reflejan en el ranking.

¡Supera tus límites con MADTEST!

Solución al test n.º 8

1. a) El interesado tendrá derecho a conocer si sus datos de carácter personal están siendo tratados, qué datos son objeto de dicho tratamiento, la finalidad del mismo, el origen de los citados datos y si se han comunicado o se van a comunicar a un tercero.

2. d) Sí, cuando lo solicite el interesado y se pueda demostrar su identidad por otros medios.

3. c) Una declaración adicional.

4. d) Los datos personales sean necesarios para ejercer el derecho a la libertad de expresión e información.

5. a) Cuando el tratamiento de datos personales tenga por objeto la mercadotecnia directa, el interesado tendrá derecho a oponerse en todo momento al tratamiento de los datos personales que le conciernan.

6. b) Integridad y confidencialidad.

7. d) Legítimos.

8. a) Una norma con rango de ley.

9. c) Tratamiento necesario para fines de medicina preventiva o laboral, evaluación de la capacidad laboral del trabajador, diagnóstico médico, prestación de asistencia o tratamiento de tipo sanitario o social, o gestión de los sistemas y servicios de asistencia sanitaria y social.

10. b) 6 meses.

TEST N.º 9

Los contratos en el Sector Público: elementos comunes a todos los contratos. Tipos de contratos: características principales. Procedimientos de contratación y formas de adjudicación: aspectos principales

1. A tenor del art. 42 de la Ley de Contratos del Sector Público, la declaración de nulidad de los actos preparatorios del contrato o de la adjudicación, cuando sea firme, llevará en todo caso consigo la del mismo contrato, que entrará en fase de:

a) Suspensión.
b) Ejecución.
c) Cancelación.
d) Liquidación.

2. Señala la respuesta incorrecta. Solo podrán contratar con el sector público las personas naturales o jurídicas:

a) Que tengan plena capacidad de obrar.
b) Que no estén incursas en una prohibición de contratar.
c) Que tengan la nacionalidad española.
d) Que acrediten su solvencia económica, financiera y técnica o profesional o se encuentren debidamente clasificadas.

3. Será requisito indispensable que el empresario se encuentre debidamente clasificado como contratista de obras de los poderes adjudicadores, para los contratos de obras cuyo valor estimado sea igual o superior a:

a) 300.000 euros.
b) 500.000 euros.
c) 800.000 euros.
d) 1.000.000 euros.

4. Podrá exceptuarse la necesidad de clasificación para determinados tipos de contratos de obras y de servicios en los que este requisito sea exigible, mediante:

a) Resolución motivada del superior jerárquico del órgano contratante.
b) Orden del Ministro titular en materia de Hacienda.

c) Orden del Ministro titular del ministerio al que pertenece el órgano contratante.
d) Real Decreto del Consejo de Ministros.

5. No será exigible la clasificación en los contratos de servicios a partir de un valor estimado inferior a:

a) 100.000 euros.
b) 60. 000 euros.
c) 200.000 euros.
d) Para los contratos de servicios no será exigible la clasificación del empresario.

6. La clasificación de las empresas tendrá una vigencia de:

a) Dos años.
b) Tres años.
c) Cinco años.
d) Indefinida, en tanto se mantengan por el empresario las condiciones y circunstancias en que se basó su concesión.

7. Para la conservación de la clasificación de una empresa para contratar con la Administración Pública, deberá justificarse el mantenimiento de la solvencia técnica y profesional:

a) Anualmente.
b) Cada tres años.
c) Cada cinco años.
d) Cada diez años.

8. Para la conservación de la clasificación de una empresa para contratar con la Administración Pública, deberá justificarse el mantenimiento de la solvencia económica y financiera:

a) Anualmente.
b) Cada tres años.
c) Cada cinco años.
d) Cada diez años.

9. Previa justificación en el expediente, podrá llevarse a cabo la revisión periódica y predeterminada de precios en aquellos contratos en los que el período de recuperación de la inversión sea igual o superior a:

a) 3 años.
b) 4 años.
c) 5 años.
d) 1 año.

10. En los acuerdos marco y en los sistemas dinámicos de adquisición, el importe de la garantía provisional, de exigirse, estará limitada al:

a) 3 por 100 del valor estimado del contrato.
b) 5 por 100 del valor estimado del contrato.
c) 7 por 100 del valor estimado del contrato.
d) 10 por 100 del valor estimado del contrato.

Solución al test n.º 9

1. d) Liquidación.

2. c) Que tengan la nacionalidad española.

3. b) 500.000 euros.

4. d) Real Decreto del Consejo de Ministros.

5. d) Para los contratos de servicios no será exigible la clasificación del empresario.

6. d) Indefinida, en tanto se mantengan por el empresario las condiciones y circunstancias en que se basó su concesión.

7. b) Cada tres años.

8. a) Anualmente.

9. c) 5 años.

10. a) 3 por 100 del valor estimado del contrato.

TEST N.º 10

El Texto Refundido de la Ley del Estatuto Básico del Empleado Público. Personal al servicio de las Administraciones Públicas. Adquisición y pérdida de la condición de funcionario. Derechos, deberes e incompatibilidades. Situaciones administrativas. Sistema de retribuciones. Régimen disciplinario. Especial referencia a la Ley de la Función Pública de la Comunidad de Madrid

1. Los funcionarios de carrera son aquellos quienes, en virtud de nombramiento legal, están vinculados a una Administración Pública por una relación estatutaria regulada por:

a) El Derecho Laboral.
b) El Derecho Administrativo.
c) El Derecho Civil.
d) El Derecho Constitucional.

2. Pueden nombrarse funcionarios interinos para la ejecución de programas de carácter temporal, que no podrán tener una duración:

a) Inferior a 12 meses ni superior a 3 años.
b) Inferior a 3 años.
c) Superior a 3 años, prorrogables hasta 12 meses más más por las leyes de Función Pública que se dicten en desarrollo del EBEP.
d) Superior a 12 meses, prorrogables hasta 3 meses más.

3. Corresponden en exclusiva a los funcionarios públicos, en los términos que en la ley de desarrollo de cada Administración Pública se establezca, el ejercicio de funciones:

a) Directivas.
b) Que impliquen la participación directa o indirecta en el ejercicio de las potestades públicas.
c) Del ámbito militar, de la Justicia o de la Hacienda Pública.
d) Que impliquen la participación directa (no la indirecta), en la salvaguardia de los intereses generales del Estado.

4. Es un fundamento de actuación reflejado en el EBEP, según su artículo 1.3:

a) Evaluación y responsabilidad de los órganos directivos.

b) Cooperación entre las Administraciones Públicas en la regulación y gestión del empleo público.

c) Negociación colectiva y participación en la atribución, ordenación y desempeño de las funciones y tareas.

d) Servicio a la Administración y a los intereses del Gobierno.

5. El EBEP contiene:

a) Aquello que es común al conjunto de los empleados públicos de todas las Administraciones Públicas.

b) Las normas legales específicas aplicables a los empleados públicos de todas las Administraciones Públicas.

c) Aquello que es común al conjunto de los funcionarios de todas las Administraciones Públicas, más las normas legales específicas aplicables al personal laboral a su servicio.

d) Aquello que es común al conjunto del personal laboral de todas las Administraciones Públicas, más las normas legales específicas aplicables al personal funcionario a su servicio.

6. Para todo el personal de las Administraciones Públicas no incluido en su ámbito de aplicación, el EBEP tendrá carácter:

a) Consultivo.

b) Voluntario.

c) Supletorio.

d) Interpretativo.

7. La renuncia voluntaria a la condición de funcionario:

a) Inhabilita para ingresar de nuevo en la Administración Pública.

b) No requiere aceptación expresa por la Administración.

c) Será aceptada expresamente cuando el funcionario esté sujeto a expediente disciplinario o haya sido dictado en su contra auto de procesamiento o de apertura de juicio oral por la comisión de algún delito.

d) Debe ser manifestada por escrito.

8. ¿Pueden los órganos de gobierno de las Administraciones Públicas conceder la rehabilitación de quien hubiera perdido la condición de funcionario por haber sido condenado a la pena principal o accesoria de inhabilitación?

a) No, en ningún caso.

b) Excepcionalmente, atendiendo a las circunstancias y entidad del delito cometido.

c) Solo cuando se trate de una inhabilitación provisional.

d) Sí, cuando la inhabilitación se tratara de una pena accesoria.

9. El funcionario que haya perdido su condición por cambio de nacionalidad, si recupera la nacionalidad:

a) Volverá automáticamente al puesto de trabajo que ocupaba.
b) No podrá volver a ejercer como funcionario.
c) Podrá solicitar la rehabilitación.
d) Podrá acceder a la función pública superando un nuevo proceso selectivo.

10. No es una causa de pérdida de la condición de funcionario:

a) La sanción disciplinaria de suspensión firme de funciones.
b) La pena principal o accesoria de inhabilitación absoluta o especial para cargo público que tuviere carácter firme.
c) La renuncia a la condición de funcionario.
d) La pérdida de la nacionalidad.

Solución al test n.º 10

1. b) El Derecho Administrativo.

2. c) Superior a 3 años, prorrogables hasta 12 meses más por las leyes de Función Pública que se dicten en desarrollo del EBEP.

3. b) Que impliquen la participación directa o indirecta en el ejercicio de las potestades públicas.

4. b) Cooperación entre las Administraciones Públicas en la regulación y gestión del empleo público.

5. c) Aquello que es común al conjunto de los funcionarios de todas las Administraciones Públicas, más las normas legales específicas aplicables al personal laboral a su servicio.

6. c) Supletorio.

7. d) Debe ser manifestada por escrito.

8. b) Excepcionalmente, atendiendo a las circunstancias y entidad del delito cometido.

9. c) Podrá solicitar la rehabilitación.

10. a) La sanción disciplinaria de suspensión firme de funciones.

TEST N.º 11

La Seguridad Social: características generales y principales Entidades gestoras. Afiliación, cotización y recaudación. Acción protectora: contingencias y prestaciones

1. Es un Servicio Común de la Seguridad Social:

a) SEPE.
b) INSS.
c) TGSS.
d) Cualquiera de las los anteriores.

2. La inscripción de la empresa es un acto administrativo que se lleva a cabo (a efectos de Seguridad Social) ante:

a) TGSS.
b) INSS.
c) El órgano judicial competente.
d) SEPE.

3. El trabajador huelguista está en una situación de alta:

a) Real.
b) No es una situación de alta (porque no se trabaja).
c) Presunta.
d) Especial.

4. Si el empresario ha incumplido las obligaciones de afiliación/alta de su trabajador y este sufre un accidente de trabajo:

a) Está cubierto por el Sistema de Seguridad Social. Se encuentra en situación de alta presunta.
b) No está cubierto por el Sistema, con independencia de que el empresario ha de resarcir económicamente al trabajador por las lesiones.
c) El trabajador se encuentra en situación asimilada al alta, cubierto por el Sistema.
d) El trabajador se halla en situación de alta real. Está cubierto por la Seguridad Social.

5. Es causa de baja en el Régimen General de Seguridad Social:

a) La incapacidad temporal del trabajador.
b) La incapacidad permanente del trabajador en cualquiera de sus grados.
c) La dimisión del trabajador.
d) Que el trabajador cumpla con la edad mínima de jubilación.

6. ¿Cuál de las siguientes afirmaciones en relación a la cotización es cierta?

a) Es posible que las partes pacten que sea el empresario el que asuma íntegramente la cotización no solo por él, sino también por la parte del trabajador.
b) Se comienza a cotizar desde la fecha en que se ha instado el alta del trabajador.
c) La base de cotización tiene unos topes máximos y mínimos que se determina en atención al grupo profesional del trabajador.
d) Los trabajadores que mantienen relaciones laborales especiales no han de cotizar.

7. ¿Qué tipo de cotización se le aplicaría a una relación laboral indefinida a tiempo completo por la contingencia de desempleo?

a) No es un tipo, sino una cantidad que depende de su grupo profesional.
b) 1,55 % (trabajador) y 5,5 % (empresario).
c) 1,60 % (trabajador) y 6,70 % (empresario).
d) 7,05 % que se podrá repartir como quieran entre empresario y trabajador.

8. No existe obligación de cotizar:

a) Durante el cierre legal o patronal.
b) Durante la situación de incapacidad temporal del trabajador.
c) Durante el tiempo que el trabajador estuviera percibiendo la prestación de desempleo.
d) En ninguna de las situaciones antes referidas.

9. Las cuotas (cotizaciones) habrán de ser ingresadas:

a) En el mismo mes en que se devengan.
b) En el mes siguiente al de su devengo.
c) Hay plazos diferentes en función de si es el empresario o el trabajador el que las abona.
d) En el plazo que el contrato de trabajo haya estipulado.

10. La recaudación en vía ejecutiva comienza con:

a) La apertura de un expediente sancionador al empresario.
b) Un auto del Juzgado competente.
c) La providencia de apremio.
d) La declaración de insolvencia empresarial.

En MADTEST tienes **más preguntas de este tema**, y todos tus avances quedan registrados y se reflejan en el ranking.

¡Supera tus límites con MADTEST!

Solución al test n.º 11

1. c) TGSS.

2. a) TGSS.

3. d) Especial.

4. a) Está cubierto por el Sistema de Seguridad Social. Se encuentra en situación de alta presunta.

5. c) La dimisión del trabajador.

6. c) La base de cotización tiene unos topes máximos y mínimos que se determina en atención al grupo profesional del trabajador.

7. b) 1,55 % (trabajador) y 5,5 % (empresario).

8. a) Durante el cierre legal o patronal.

9. b) En el mes siguiente al de su devengo.

10. c) La providencia de apremio.

Hacienda Pública: normativa básica. La Ley Reguladora de la Hacienda de la Comunidad de Madrid: estructura y principios generales. Los Presupuestos Generales de la Comunidad de Madrid. El ciclo presupuestario

1. La estructura del presupuesto se determinará por:

a) El Consejo de Gobierno.
b) El Parlamento.
c) La Consejería competente en materia de Hacienda.
d) Los órganos superiores de las Consejerías.

2. Son características fundamentales del presupuesto:

a) Constituye un acto de previsión.
b) El presupuesto supone una idea de equilibrio contable entre ingresos y gastos.
c) El presupuesto es una previsión normativa.
d) Todas las respuestas anteriores son correctas.

3. Conforme al artículo 44 de la Ley 9/1990:

a) Los Presupuestos Generales de la Comunidad constituyen la expresión cifrada, conjunta y sistemática de las obligaciones que, como mínimo, pueden reconocer las instituciones y la administración de la Comunidad y sus organismos autónomos y los derechos que se prevean reconocer durante el correspondiente ejercicio, y de las estimaciones de gastos e ingresos a realizar por las empresas y demás entes públicos a los que se refieren los artículos 5.º y 6.º de la Ley 9/1990.
b) Los Presupuestos Generales de la Comunidad constituyen la expresión cifrada, conjunta y sistemática de las obligaciones que, como máximo, pueden reconocer las instituciones y la administración de la Comunidad y sus organismos autónomos y los derechos exactos que se van a reconocer durante el correspondiente ejercicio, y de las estimaciones de gastos e ingresos a realizar por las empresas y demás entes públicos a los que se refieren los artículos 5.º y 6.º de la Ley 9/1990.

c) Los Presupuestos Generales de la Comunidad constituyen la expresión cifrada, conjunta y sistemática de las obligaciones que, como máximo, pueden reconocer las instituciones y la administración de la Comunidad y sus organismos autónomos y los derechos que se prevean reconocer durante el correspondiente ejercicio, y de las estimaciones de gastos e ingresos a realizar por las empresas y demás entes públicos a los que se refieren los artículos 5.º y 6.º de la Ley 9/1990.

d) Los Presupuestos Generales de la Comunidad constituyen la expresión cifrada, conjunta y sistemática de las obligaciones que, como máximo, pueden reconocer las instituciones y la administración de la Comunidad y sus organismos autónomos y los derechos que se prevean reconocer durante el correspondiente ejercicio, y de la cifra exacta de gastos e ingresos a realizar por las empresas y demás entes públicos a los que se refieren los artículos 5.º y 6.º de la Ley 9/1990.

4. Señale cuál de las siguientes afirmaciones relacionadas con las características del presupuesto no es correcta:

a) Es la expresión cifrada
b) Es expresión asistemática.
c) Tiene carácter anual.
d) Integra todos los ingresos y gastos del sector público.

5. Las normas para la elaboración de los presupuestos de la Comunidad de Madrid del ejercicio siguiente se aprueba anualmente a través de:

a) Ley.
b) Decreto.
c) Orden.
d) Instrucción.

6. Dentro de la clasificación económica por ingresos, el Capítulo II corresponde a:

a) Impuestos directos.
b) Impuestos indirectos.
c) Tasas y otros ingresos.
d) Enajenación de inversiones reales.

7. Dentro de la clasificación económica por ingresos, el Capítulo III corresponde a:

a) Impuestos directos.
b) Impuestos indirectos.
c) Tasas y otros ingresos.
d) Enajenación de inversiones reales.

8. Dentro de la clasificación económica por ingresos, el Capítulo IV corresponde a:

a) Transferencias corrientes.
b) Impuestos indirectos.

c) Activos financieros.
d) Enajenación de inversiones reales.

9. Dentro de la clasificación económica por ingresos, el Capítulo V corresponde a:

a) Transferencias corrientes.
b) Ingresos patrimoniales.
c) Transferencias de capital.
d) Enajenación de inversiones reales.

10. Dentro de la clasificación económica por ingresos, el Capítulo VII corresponde a:

a) Transferencias corrientes.
b) Ingresos patrimoniales.
c) Transferencias de capital.
d) Enajenación de inversiones reales.

Solución al test n.º 12

1. c) La Consejería competente en materia de Hacienda.

2. d) Todas las respuestas anteriores son correctas.

3. c) Los Presupuestos Generales de la Comunidad constituyen la expresión cifrada, conjunta y sistemática de las obligaciones que, como máximo, pueden reconocer las instituciones y la administración de la Comunidad y sus organismos autónomos y los derechos que se prevean reconocer durante el correspondiente ejercicio, y de las estimaciones de gastos e ingresos a realizar por las empresas y demás entes públicos a los que se refieren los artículos 5.º y 6.º de la Ley 9/1990.

4. b) Es expresión asistemática.

5. c) Orden.

6. b) Impuestos indirectos.

7. c) Tasas y otros ingresos.

8. a) Transferencias corrientes.

9. b) Ingresos patrimoniales.

10. c) Transferencias de capital.

TEST N.º 13

El principio de igualdad entre mujeres y hombres. La tutela contra la discriminación. El marco normativo de la igualdad de género, la protección integral contra la violencia de género y no discriminación de las personas LGTBI. Especial referencia a la Comunidad de Madrid

1. La Declaración y la Plataforma de Acción de la IV Conferencia Mundial en Pekín sobre la Mujer, en 1995, han establecido las dos estrategias fundamentales para el desarrollo eficaz de las políticas de igualdad de mujeres y hombres:

a) Transversalidad de género y representación equilibrada.
b) Educación integral y corresponsabilidad.
c) Enfoque de género y publicidad institucional.
d) Igualdad de trato e igualdad de oportunidades.

2. El Tratado de Roma señala en su artículo 3, tras su modificación por el Tratado de Ámsterdam, que todas las acciones y políticas comunitarias estarán inspiradas por el siguiente objetivo:

a) Erradicar la violencia de género.
b) Eliminar las desigualdades entre el hombre y la mujer y promover su igualdad.
c) Disminuir la brecha de género y acabar con la discriminación por razón de sexo.
d) Facilitar el empoderamiento de la mujer mediante la exigencia de la presencia equilibrada de la mujer en los centros de dirección.

3. Según el artículo 23.2 de la Constitución, los ciudadanos tienen derecho a acceder a las funciones y cargos públicos, con los requisitos que señalen las leyes:

a) A través de sus representantes.
b) En condiciones de igualdad.
c) Según sus posibilidades.
d) Atendiendo a lo que marca la costumbre.

4. ¿Qué artículo de la Constitución proclama que los españoles son iguales ante la ley, sin que pueda prevalecer discriminación alguna por razón de nacimiento, raza, sexo, religión, opinión o cualquier otra condición o circunstancia personal o social?

a) Artículo 9.
b) Artículo 11.
c) Artículo 14.
d) Artículo 18.

5. Según el artículo 9.2: de la Constitución, "corresponde a los poderes públicos .... las condiciones para que la libertad y la igualdad del individuo y de los grupos en que se integra sean reales y efectivas; .... los obstáculos que impidan o dificulten su plenitud y .... la participación de todos los ciudadanos en la vida política, económica, cultural y social." ¿Qué 3 verbos faltan en la anterior frase?

a) Promover, remover y facilitar.
b) Impulsar, superar y posibilitar.
c) Crear, eliminar y alentar.
d) Facilitar, disminuir y promover.

6. El objeto y el ámbito de aplicación de la Ley para la Igualdad efectiva entre Mujeres y Hombres, vienen recogidos en su:

a) Disposición Final Primera.
b) Disposición Adicional Primera.
c) Título Primero.
d) Título Preliminar.

7. Según su artículo 1, la LO 3/2007 tiene por objeto hacer efectivo el derecho de:

a) Conciliación de la vida laboral y familiar de mujeres y hombres.
b) Igualdad de trato y de oportunidades entre mujeres y hombres.
c) Participación en los asuntos públicos en igualdad de condiciones.
d) No discriminación por razón de sexo.

8. Las obligaciones establecidas en la LO 3/2007 son de aplicación a:

a) A toda persona, física o jurídica, que se encuentre o actúe en territorio español, cualquiera que fuese su nacionalidad, domicilio o residencia.
b) A todos los ciudadanos españoles, ya sea en territorio español o territorio de cualquier país extranjero.
c) A toda persona, física o jurídica, que se encuentre o actúe en territorio español, con nacionalidad española.
d) A toda persona, física o jurídica, que resida en territorio español, cualquiera que fuese su nacionalidad.

9. Señalar la opción incorrecta. Según el artículo 3 de la LO 3/2007, el principio de igualdad de trato entre mujeres y hombres supone la ausencia de toda discriminación, directa o indirecta, por razón de sexo, y especialmente, las derivadas de:

a) La maternidad.
b) La tendencia sexual.
c) La asunción de obligaciones familiares.
d) El estado civil.

10. Según el artículo 4 de la LO 3/2007, la igualdad de trato y de oportunidades entre mujeres y hombres:

a) Es un deber de las Administraciones Públicas.
b) Es una fuente formal del Derecho.
c) Es un principio informador del ordenamiento jurídico.
d) Es un objetivo fundamental del procedimiento administrativo.

En MADTEST tienes **más preguntas de este tema**, y todos tus avances quedan registrados y se reflejan en el ranking.

¡Supera tus límites con MADTEST!

Solución al test n.º 13

1. a) Transversalidad de género y representación equilibrada.

2. b) Eliminar las desigualdades entre el hombre y la mujer y promover su igualdad.

3. b) En condiciones de igualdad.

4. c) Artículo 14.

5. a) Promover, remover y facilitar.

6. d) Título Preliminar.

7. b) Igualdad de trato y de oportunidades entre mujeres y hombres.

8. a) A toda persona, física o jurídica, que se encuentre o actúe en territorio español, cualquiera que fuese su nacionalidad, domicilio o residencia.

9. b) La tendencia sexual.

10. c) Es un principio informador del ordenamiento jurídico.

Información administrativa y atención al ciudadano en la Comunidad de Madrid en los canales presencial, electrónico y telefónico. La Administración electrónica. La identificación y autenticación de las personas físicas y jurídicas para las diferentes actuaciones en la gestión electrónica. Especial referencia a la Administración electrónica en la Comunidad de Madrid

1. Los poderes inscritos en el Registro Electrónico General de Apoderamientos tendrán una validez determinada máxima, a contar desde la fecha de inscripción de:

a) 3 años.
b) 4 años.
c) 5 años.
d) Indefinida.

2. El Reglamento de actuación y funcionamiento del sector público por medios electrónicos (RD 203/2021), la define como el procedimiento para reconocer de forma única la identidad de un sujeto que culmina tras un registro previo con la asignación de un elemento identificador singular en formato electrónico que representa de forma única a una persona física o jurídica o a una persona física que representa a una persona jurídica para interacción en el entorno digital:

a) La autenticación.
b) La representación.
c) La identificación.
d) La acreditación.

3. La persona o entidad que suceda al interesado en un procedimiento del que conozca su existencia, debe comunicar la sucesión a la Administración Pública a la que corresponda la tramitación de aquel, en el plazo, a contar desde el día siguiente al de la efectividad de la sucesión o desde la inscripción de la defunción en el Registro Civil, en el caso de fallecimiento de persona física, de:

a) 15 días naturales.
b) 15 días hábiles.

c) 20 días naturales.

d) 20 días hábiles.

4. El acceso por el interesado, debidamente identificado, al contenido de la actuación administrativa correspondiente a través de la sede electrónica del órgano u organismo público actuante:

a) Es una manera válida de notificar, por comparecencia electrónica.

b) No es un medio de notificación autorizado reglamentariamente.

c) Tendrá efectos de notificación si el interesado manifiesta expresamente su consentimiento.

d) Siempre se entenderá como practicada la notificación, aunque no quede constancia de dicho acceso.

5. Para que la comparecencia electrónica del interesado produzca los efectos de notificación, se requerirá que:

a) Una vez producido el acceso a la notificación visualice un aviso del carácter de notificación de la actuación administrativa que tendrá dicho acceso.

b) El interesado firme electrónicamente y previamente su consentimiento.

c) El sistema de información correspondiente deje constancia de dicho acceso con indicación de fecha y hora.

d) La comparecencia electrónica no es forma de practicar una notificación.

6. Los principios básicos y requisitos mínimos requeridos para una protección adecuada de la información constituyen:

a) El Esquema Nacional de Seguridad.

b) El Esquema Nacional de Interoperabilidad.

c) La estrategia TIC.

d) El Plan de Transformación digital de la Administración General del Estado.

7. La letra [C] señala, en relación con la seguridad de la información o de los sistemas, una dimensión de seguridad de:

a) Cualificación.

b) Confidencialidad.

c) Capacitación.

d) Certificación.

8. Un incidente de seguridad que afecte a alguna de las dimensiones de seguridad supone un perjuicio muy grave sobre las funciones de la organización, sobre sus activos o sobre los individuos afectados, cuando:

a) Reduzca de forma apreciable la capacidad de la organización para atender eficazmente sus funciones y competencias, aunque estas sigan desempeñándose.

b) Cause un daño significativo en los activos de la organización.

c) Cause un perjuicio significativo a algún individuo, de difícil reparación.
d) Anule efectivamente la capacidad de la organización para desarrollar eficazmente sus funciones y competencias.

9. Aquella dimensión de la interoperabilidad relativa a que la información intercambiada pueda ser interpretable de forma automática y reutilizable por aplicaciones que no intervinieron en su creación, se denomina:

a) Interoperabilidad semántica.
b) Interoperabilidad técnica.
c) Interoperabilidad en el tiempo.
d) Interoperabilidad organizativa.

10. Según el artículo 21.4 de la Ley 39/2015 (LPACAP), las Administraciones Públicas deben publicar y mantener actualizadas en el portal web, a efectos informativos, las relaciones de procedimientos de su competencia, con indicación de los plazos máximos de duración de los mismos, así como de:

a) Los órganos que los tramitan.
b) Los efectos que produzca el silencio administrativo.
c) Los modelos de petición de información.
d) Los requisitos para la iniciación de los procedimientos a instancia de los interesados.

En MADTEST tienes **más preguntas de este tema**, y todos tus avances quedan registrados y se reflejan en el ranking.

¡Supera tus límites con MADTEST!

Solución al test n.º 14

1. c) 5 años.

2. c) La identificación.

3. b) 15 días hábiles.

4. a) Es una manera válida de notificar, por comparecencia electrónica.

5. c) El sistema de información correspondiente deje constancia de dicho acceso con indicación de fecha y hora.

6. a) El Esquema Nacional de Seguridad.

7. b) Confidencialidad.

8. d) Anule efectivamente la capacidad de la organización para desarrollar eficaz-mente sus funciones y competencias.

9. a) Interoperabilidad semántica.

10. b) Los efectos que produzca el silencio administrativo.

Los documentos administrativos: concepto, funciones, clasificación y características. Especial referencia al documento electrónico. El registro de documentos: concepto y funciones. Presentación, recepción, entrada y salida de documentos. El archivo de documentos: concepto y funciones. Clases de archivo y criterios de ordenación. El acceso a los documentos administrativos: sus limitaciones y formas de acceso

1. Según la Norma ISO 5127/1-1983 (PNE 50-113/1), se define como: "información registrada que puede considerarse como una unidad en un proceso de documentación":

a) El documento.
b) El dato.
c) El asiento.
d) El apunte.

2. ¿Qué ley regula el Patrimonio Histórico Español?

a) La Ley 16/1985, de 25 de junio.
b) La Ley 16/1989, de 17 de julio.
c) La Ley 19/1993, de 28 de diciembre.
d) La Ley 15/1997, de 25 de abril.

3. El documento de archivo es:

a) Un ejemplar idéntico a otros como él.
b) Producto de una edición.
c) Único e irrepetible.
d) Copia exacta de un original.

4. Como manifestación o resultado de una actividad concreta, los documentos archivísticos similares forman:

a) Un registro.
b) Una serie.
c) Un archivo.
d) Un expediente.

5. Es una característica del documento de archivo:

a) La subjetividad.
b) La reproducción.
c) La seriación.
d) La uniformidad.

6. Conforme al artículo 8 de la Ley 37/2007, la reutilización de la información de las Administraciones y de los organismos del sector público podrá estar sometida, entre otras, a la siguiente condición general:

a) Que se desnaturalice el sentido de la información.
b) Que no se cite la fuente.
c) Que el contenido de la información, incluyendo sus metadatos, sea alterado.
d) Que se mencione la fecha de la última actualización.

7. ¿Qué tipo de clasificación de documentos es preferible cuando se trata de fondos documentales de gran amplitud cronológica, especialmente en el ámbito de la Administración electrónica?

a) Clasificación orgánica.
b) Clasificación funcional.
c) Clasificación ideológica.
d) Clasificación por materias.

8. El lugar en que se elabora el documento se denomina:

a) Origen funcional.
b) Data tópica.
c) Clase.
d) Data crónica.

9. ¿En qué edad el documento tiene pleno valor primario?

a) Edad histórica.
b) Edad intermedia.
c) Edad administrativa.
d) Edad archivística.

10. La etapa prearchivística de los documentos tiene una duración aproximada de:

a) Un año.
b) 5 años.
c) 25 años.
d) 50 años.

En MADTEST tienes **más preguntas de este tema**, y todos tus avances quedan registrados y se reflejan en el ranking.

¡Supera tus límites con MADTEST!

Solución al test n.º 15

1. a) El documento.

2. a) La Ley 16/1985, de 25 de junio.

3. c) Único e irrepetible.

4. b) Una serie.

5. c) La seriación.

6. d) Que se mencione la fecha de la última actualización.

7. b) Clasificación funcional.

8. b) Data tópica.

9. c) Edad administrativa.

10. b) 5 años.

II. Ofimática

TEST N.º 16

El explorador de Windows. Gestión de carpetas y archivos. Operaciones de búsqueda. Herramientas "Este equipo" y "Acceso rápido". Accesorios. Herramientas del sistema

1. En el Explorador de Windows 10:

a) Hay cinta de opciones, caja de direcciones y panel de navegación.
b) Hay cinta de opciones, caja de búsqueda y panel de direcciones.
c) Hay cinta de opciones, caja de navegación y panel de búsqueda.
d) Hay cinta de opciones, caja de búsqueda y panel de navegación.

2. Windows PowerShell:

a) Es la nueva ayuda en Windows 10.
b) Es el nuevo gestor de arranque del sistema.
c) Es una versión mejorada del intérprete de comandos DOS.
d) Es una forma de llamar al sistema operativo MSDos.

3. En Windows 10 queremos refrescar el contenido de la ventana activa. ¿Qué tecla o teclas de acceso rápido utilizaremos?

a) F5.
b) Ctr + X.
c) Alt + F4.
d) Ctrl + Alt + Tab.

4. ¿Cuál de los siguientes son todos modos de captura de la herramienta Recortes?

a) Forma libre, rectangular y circular.
b) Forma libre, ventana y línea.
c) Forma libre, circular y ventana.
d) Forma libre, rectangular y ventana.

5. Se puede retrasar la captura del recorte en la herramienta de Recortes. ¿Cuál es el intervalo de retraso que podemos usar?

a) De 1 a 3.
b) De 1 a 10.
c) De 1 a 5.
d) De 3 a 10.

6. ¿Cuál de los siguientes es un tipo de imagen que se puede abrir con Paint?

a) TIG.
b) JPEG.
c) TIF2.
d) ICA.

7. ¿Cuál de las siguientes no es un accesorio de Windows 10?

a) Notas Rápidas, grabadora de Sonidos y Word.
b) Notas Rápidas, Calculadora y WordPad.
c) Notas Rápidas, grabadora de Vídeos y Calculadora.
d) Notas Rápidas, grabadora de Sonidos y WordPad.

8. A nivel de fichas y secciones, podemos decir que la cinta de opciones del explorador de Windows 10 tiene:

a) Tres fichas y 4 secciones en la ficha Inicio.
b) Tres fichas y 5 secciones en la ficha Vista.
c) Tres fichas y 5 secciones en la ficha Inicio.
d) Dos fichas y 5 secciones en la ficha Inicio.

9. Para seleccionar varios elementos alternativos:

a) Mantenemos pulsada la tecla Shift y hacemos clic sobre los elementos.
b) Hacemos clic en el primero de los elementos y mantenemos pulsada la tecla Shift y hacemos clic sobre el último de los elementos.
c) Mantenemos pulsada la tecla Ctrl y hacemos clic sobre los elementos.
d) Hacemos clic en el primero de los elementos y mantenemos pulsada la tecla Ctrl y hacemos clic sobre el último de los elementos.

10. Para mover una carpeta lo que hacemos es:

a) Cortar y Mover.
b) Copiar y Pegar.
c) Mover y Pegar.
d) Cortar y Pegar.

En MADTEST tienes **más preguntas de este tema**, y todos tus avances quedan registrados y se reflejan en el ranking.

¡Supera tus límites con MADTEST!

Solución al test n.º 16

1. d) Hay cinta de opciones, caja de búsqueda y panel de navegación.

2. c) Es una versión mejorada del intérprete de comandos DOS.

3. a) F5.

4. d) Forma libre, rectangular y ventana.

5. c) De 1 a 5.

6. b) JPEG.

7. a) Notas Rápidas, grabadora de Sonidos y Word.

8. c) Tres fichas y 5 secciones en la ficha Inicio.

9. c) Mantenemos pulsada la tecla Ctrl y hacemos clic sobre los elementos.

10. d) Cortar y Pegar.

TEST N.º 17

Procesadores de texto: Word. Principales funciones y utilidades. Creación y estructuración del documento. Gestión, grabación, recuperación e impresión de ficheros. Personalización del entorno de trabajo

1. ¿Desde qué pestaña de la cinta de opciones de Word podremos comparar dos versiones de un documento?

a) Inicio.
b) Referencias.
c) Word no nos permite realizar esa acción.
d) Revisar.

2. ¿Cuál de las siguientes relaciones entre opción y grupo no es correcta?

a) Tachado y Fuente.
b) Interlineado y Párrafo.
c) Espaciado y Párrafo.
d) Hipervínculo y Referencias.

3. La alineación es un comando de Word 365 que afecta a:

a) La selección de texto.
b) La dirección del texto.
c) El interlineado del texto.
d) Los párrafos.

4. ¿En qué ficha y grupo está la opción para utilizar las tabulaciones?

a) Insertar / Tabulaciones.
b) Inicio / Párrafo/ botón cuadro diálogo Párrafo.
c) Inicio / formato / Tabulaciones.
d) Inicio / Tabulaciones.

5. En Word, ¿cuál es la diferencia entre pulsar INTRO y pulsar las teclas Mayúsculas + Intro?

a) Intro indica párrafo nuevo y Mayúsculas + Intro indica salto de línea.
b) No hay diferencias para Word.
c) Intro indica párrafo nuevo, y Mayúsculas + Intro indica salto de sección.
d) Intro indica salto de línea nuevo, y Mayúsculas + Intro indica salto de sección.

6. El botón Borrar Formato en Word:

a) Borra todo el Formato de la selección.
b) Deja el texto sin formato y lo elimina.
c) Funciona haciendo doble clic.
d) Ese botón existe en Excel, pero no en Word.

7. Los sangrados en Word:

a) Definen el límite izquierdo de los párrafos de un documento, pero no el derecho.
b) Definen el límite derecho de los párrafos de un documento, pero no el izquierdo.
c) Definen el límite izquierdo y el límite derecho de los párrafos de un documento.
d) Definen el límite izquierdo de los párrafos de un documento y el estado de la primera línea de cada uno.

8. La carta modelo en un proceso de combinar correspondencia de Word:

a) Tendrá la tabla de datos para combinar.
b) No tendrá los campos de combinación.
c) Incluirá el texto que no varía.
d) Tendrá tantas hojas como datos se combinen.

9. El método más rápido para acceder a las opciones de la cinta de opciones de Word 365 es hacer un clic con el ratón sobre ellas; si queremos acceder a las distintas opciones de los paneles y menús a partir del teclado, podemos pulsar la tecla:

a) F1.
b) Shift.
c) Ctrl.
d) Alt.

10. La combinación de teclas para la alineación centrada es:

a) Ctrl + T
b) Ctrl + Q
c) Ctrl + J
d) Ctrl + Alt + C

En MADTEST tienes **más preguntas de este tema**, y todos tus avances quedan registrados y se reflejan en el ranking.

¡Supera tus límites con MADTEST!

Solución al test n.º 17

1. d) Revisar.

2. d) Hipervínculo y Referencias.

3. d) Los párrafos.

4. b) Inicio / Párrafo/ botón cuadro diálogo Párrafo.

5. a) Intro indica párrafo nuevo y Mayúsculas + Intro indica salto de línea.

6. a) Borra todo el Formato de la selección.

7. c) Definen el límite izquierdo y el límite derecho de los párrafos de un documento.

8. c) Incluirá el texto que no varía.

9. d) Alt.

10. a) Ctrl + T

Hojas de cálculo: Excel. Principales funciones y utilidades. Libros, hojas y celdas. Configuración. Introducción y edición de datos. Fórmulas y funciones. Tablas dinámicas. Gráficos. Gestión de datos. Personalización del entorno de trabajo

1. Si queremos eliminar un comentario que tiene una celda de Excel 365, ¿a qué ficha tenemos que acceder?

a) Revisar.
b) Comentarios.
c) Datos.
d) Programador.

2. Las constantes de Excel 365 pueden ser valores:

a) Numéricos y de tipo texto.
b) Horas y Fechas.
c) Numéricos, de texto, horas y fechas.
d) Numéricos, de texto, horas y fechas y booleanos.

3. Si en una celda aparecen símbolos de sostenido (#####):

a) Está en notación científica negativa.
b) Es un valor de texto incorrecto.
c) El valor no cabe en la altura de la celda.
d) El valor no cabe en la anchura de la celda.

4. De manera predeterminada, Excel 365:

a) Muestra 2 hoja de cálculo.
b) Muestra 5 hojas de cálculo.
c) Muestra 10 hojas de cálculo.
d) Es un valor configurable.

5. La opción de ocultar Hoja de Excel 365 podemos encontrarla en:

a) El botón de lista Insertar.
b) El botón de lista Hoja.
c) El botón de lista Formato.
d) El botón de lista Eliminar.

6. La etiqueta de la hoja de cálculo se colorea totalmente cuando:

a) Estás en una hoja distinta.
b) Estás en la propia hoja.
c) Siempre está coloreada.
d) Si la hoja no está totalmente vacía.

7. En la ficha Página, en el grupo Configurar Página, podemos:

a) Definir los márgenes de la hoja.
b) Definir los saltos de página.
c) Definir la orientación.
d) Definir los márgenes, los saltos de página pero no el centrado de las páginas.

8. La escala de ajuste de la hoja de cálculo, tiene un valor máximo de:

a) 100 %.
b) 400 %.
c) 250 %.
d) 150 %.

9. Un encabezado en Excel 365 es la parte de la Hoja que está:

a) Entre el borde inferior y el margen superior.
b) Entre el borde inferior y el margen inferior.
c) Entre el borde superior y el margen superior.
d) Ninguna de las respuestas es correcta.

10. El código #N/A es:

a) Error de acceso a la celda.
b) Fórmula matricial.
c) Error de celda.
d) División por 0.

En MADTEST tienes **más preguntas de este tema**, y todos tus avances quedan registrados y se reflejan en el ranking.

¡Supera tus límites con MADTEST!

Solución al test n.º 18

1. a) Revisar.

2. c) Numéricos, de texto, horas y fechas.

3. d) El valor no cabe en la anchura de la celda.

4. d) Es un valor configurable.

5. c) El botón de lista Formato.

6. a) Estás en una hoja distinta.

7. c) Definir la orientación.

8. b) 400 %.

9. c) Entre el borde superior y el margen superior.

10. c) Error de celda.

Bases de datos: Access. Principales funciones y utilidades. Tablas. Consultas. Formularios. Informes. Relaciones. Importación, vinculación y exportación de datos. Power BI

1. En un informe de Access, ¿cuál de las siguientes opciones podemos realizar?

a) Modificar y actualizar datos de las tablas.
b) Insertar y eliminar datos de las tablas.
c) Presentar, organizar y actualizar los datos de las tablas.
d) Presentar y organizar los datos de las tablas.

2. ¿Cuál de las siguientes afirmaciones es correcta sobre los límites en Microsoft Access?

a) El número máximo de caracteres de un nombre de campo es 255.
b) El número máximo de campos en una tabla es 2048.
c) El tamaño máximo de una tabla es 2 gigabytes menos el espacio necesario para los objetos del sistema.
d) El número máximo de tablas abiertas es 64.

3. En un informe tabular se muestran los campos:

a) En una fila horizontal con etiquetas de campo en la parte superior del informe.
b) En una fila horizontal con etiquetas de campo en la parte inferior del informe.
c) En una fila horizontal con etiquetas de campo en la parte central del informe.
d) En una columna vertical con etiquetas de campo en la parte central del informe.

4. Cuando estamos viendo el contenido de un valor de campo de una tabla y no podemos ver todo el contenido a la vez, ¿qué comando de los siguientes nos abre el cuadro de Zoom para verlo cómodamente?

a) Mayús + F10.
b) Mayús + F6.
c) Mayús + F2.
d) Mayús + F12.

5. Un formulario en Columnas muestra:

a) Cada registro se muestra en una página distinta, con los datos distribuidos en columnas.
b) Cada registro se muestra en una página distinta, con los datos distribuidos en Hojas de datos.
c) Cada registro se muestra en una página distinta, con los datos tabulados.
d) Los datos en forma de tabla, cada registro en una fila, unos debajo de otros.

6. La fila "O" de las consultas se denomina:

a) Fila de criterios.
b) Fila de condiciones.
c) Fila de criterios o Fila de condiciones.
d) Fila de excepciones.

7. Para movernos por los diferentes paneles de las ventanas de una base de datos de Microsoft Access, ¿qué combinación de teclas usaremos?

a) Mayús + F10.
b) Mayús + F6.
c) Mayús + F2.
d) Mayús + F12.

8. ¿Cuál de las siguientes opciones no es una de las características de las consultas de acción?

a) Crear una tabla.
b) Crear subtotales con los datos.
c) Eliminar datos.
d) Actualizar datos.

9. Al modificar relaciones Uno a Varios podemos:

a) Actualizar y eliminar en cascada campos relacionados.
b) Solo actualizar en cascada campos relacionados.
c) Solo eliminar en cascada campos relacionados.
d) Actualizar y eliminar en cascada datos de campos.

10. La integridad referencial es:

a) Un conjunto de relaciones.
b) Un conjunto de valores no nulos.
c) Un conjunto de campos relacionados.
d) Un conjunto de reglas.

En MADTEST tienes **más preguntas de este tema**, y todos tus avances quedan registrados y se reflejan en el ranking.

¡Supera tus límites con MADTEST!

Solución al test n.º 19

1. d) Presentar y organizar los datos de las tablas.

2. c) El tamaño máximo de una tabla es 2 gigabytes menos el espacio necesario para los objetos del sistema.

3. a) En una fila horizontal con etiquetas de campo en la parte superior del informe.

4. c) Mayús + F2.

5. a) Cada registro se muestra en una página distinta, con los datos distribuidos en columnas.

6. a) Fila de criterios.

7. b) Mayús + F6.

8. b) Crear subtotales con los datos.

9. a) Actualizar y eliminar en cascada campos relacionados.

10. d) Un conjunto de reglas.

TEST N.º 20

Correo electrónico: Outlook. Conceptos elementales y funcionamiento. Enviar, recibir, responder y reenviar mensajes. Creación de mensajes. Reglas de mensaje. Libreta de direcciones. Agenda. Convocatorias y citas

1. Di cuál es una dirección de correo válida en el Outlook 365:

a) persona@proveedorcom
b) www.proveedor.com
c) persona.proveedor.com
d) cta@cts.es.

2. La parte de la izquierda de una dirección de correo electrónico en la versión Outlook 365 se denomina:

a) Dominio.
b) Organización.
c) Dominio de organización.
d) Nombre de Usuario.

3. ¿Cuál de las siguientes combinaciones de teclas es la que está asociada a "Responder a todos"?

a) Ctrl + R
b) Ctrl + Mayús+ R
c) Ctrl + F
d) Ctrl + U

4. Los clientes de correo POP:

a) Tienen que estar conectados todo el tiempo.
b) Los mensajes se descargan de golpe si están disponibles.
c) Los mensajes se descargan parcialmente aun sin estar disponibles.
d) Tienen que estar conectados a intervalos de 15'.

5. ¿Qué es un Hoax?

a) Un Bulo o Noticia falsa.
b) Suplantación de identidad.
c) Un virus.
d) Un error de configuración en el navegador.

6. El protocolo SMTP:

a) Permite recibir mensajes.
b) Permite enviar mensajes.
c) Permite enviar y recibir mensajes.
d) No es un protocolo.

7. Cuando un usuario envía un correo:

a) El mensaje se dirige primero hasta el buzón de correo de su proveedor de internet.
b) El mensaje se dirige primero hasta el buzón de correo del proveedor de internet del destinatario.
c) El mensaje se dirige primero hasta el buzón de correo del proveedor de internet del destinatario si es de tipo POP.
d) El mensaje se dirige primero hasta el buzón de correo del proveedor de internet del destinatario si es de tipo SMTP.

8. En Microsoft Outlook se pueden configurar:

a) Correos gratuitos.
b) Correos de proveedor de pago.
c) Tanto correos gratuitos como de proveedores de pago.
d) Correos de proveedor de pago, pero con licencia empresarial.

9. ¿Cuál de las siguientes expresiones no es correcta?

a) Los destinatarios incluidos en un campo CCO pueden recibir el correo y ver el resto de los destinatarios incluidos en los campos Para y CC, así como responderles.
b) Los destinatarios incluidos en un campo CCO no pueden ver a otros posibles destinatarios del campo CCO.
c) Ningún destinatario, independientemente del campo donde se encuentre, tendrá constancia de alguna dirección de correo electrónico incluida en CCO.
d) Solo los destinatarios del campo PARA podrán saber qué personas han recibido el mensaje en copia oculta.

10. La carpeta de correo no deseado o Spam contiene:

a) Correos recibidos con origen desconocido.
b) Correos enviados con destino sospechoso.
c) Correos recibidos o enviados con origen desconocido.
d) Correos enviados con destino sospechoso de los últimos 30 días.

En MADTEST tienes **más preguntas de este tema**, y todos tus avances quedan registrados y se reflejan en el ranking.

¡Supera tus límites con MADTEST!

Solución al test n.º 20

1. d) cta@cts.es.

2. d) Nombre de Usuario.

3. b) Ctrl + Mayús+ R

4. b) Los mensajes se descargan de golpe si están disponibles.

5. a) Un Bulo o Noticia falsa.

6. b) Permite enviar mensajes.

7. a) El mensaje se dirige primero hasta el buzón de correo de su proveedor de internet.

8. c) Tanto correos gratuitos como de proveedores de pago.

9. d) Solo los destinatarios del campo PARA podrán saber qué personas han recibido el mensaje en copia oculta.

10. a) Correos recibidos con origen desconocido.

Trabajo colaborativo: herramientas y funcionalidades. Microsoft 365: Teams, Sharepoint, OneDrive y Outlook. Videoconferencias

1. Podemos definir a Teams como…

a) Un HUB de trabajo en equipo.
b) Un SET de trabajo en equipo.
c) Un CLOUD de trabajo en equipo.
d) Un HUBSET de trabajo en equipo.

2. OneDrive tiene una doble papelera de reciclaje que nos permite una retención máxima de:

a) 60 días.
b) 93 días.
c) 30 días.
d) 15 días.

3. Indica cuál de las siguientes afirmaciones no es correcta:

a) OneDrive incluye entre sus funcionalidades la publicación de contenido Web.
b) SharePoint es similar a una unidad de red corporativa.
c) OneDrive se considera un disco duro en la nube.
d) OneDrive solo tiene un propietario.

4. ¿Qué permisos se pueden dar a un usuario al compartir un archivo?

a) Que pueda editar, que pueda revisar, que pueda escribir y que pueda ver.
b) Que pueda editar, que pueda revisar y que pueda eliminar.
c) Que pueda editar, que pueda revisar que pueda eliminar y que pueda ver.
d) Que pueda editar, que pueda revisar y que pueda ver.

5. ¿Cuál de las siguientes afirmaciones es correcta con respecto al proceso de sincronización?

a) Una forma más eficiente y rápida de poder trabajar con los archivos que tenemos alojados en la nube.
b) La actualización de dos dispositivos a la vez, de tal manera que ambos almacenen los mismos datos en un mismo instante.
c) Si no hay conexión a internet no será posible la sincronización.
d) Todas son correctas.

6. Los grupos de contactos que se reúnen por cuestiones de trabajo, proyectos o intereses comunes para trabajos en Teams, ¿cómo se denominan?

a) Canales.
b) Reuniones.
c) Equipos.
d) Meetings.

7. ¿Cuál de los siguientes estados de Teams quiere comunicar una ausencia temporal y no se puede configurar automáticamente?

a) Ocupado.
b) Aparecer como ausente.
c) Desconectado.
d) Vuelvo enseguida.

8. ¿Cuánto tiempo permanecen los avisos numéricos de notificaciones no leídas, visibles dentro de Teams?

a) 30 días.
b) 93 días.
c) No tienen una duración finita.
d) 14 días.

9. ¿Cuál de los siguientes no es una de las posibles opciones para mostrarnos como asistente de una reunión de Teams al resto de asistentes?

a) Ocupado.
b) Ausente.
c) Trabajando en otro sitio.
d) Privado.

10. Cuando programamos una reunión de Teams, a los diferentes participantes les llegará un correo informándoles de la misma y solicitándoles una respuesta. Podremos elegir:

a) Aceptar, No Aceptar o Proponer nueva hora.
b) Aceptar, Provisional o No Aceptar.
c) Aceptar, Eliminar, No Aceptar o Proponer nueva hora.
d) Aceptar, Provisional, No Aceptar o Proponer nueva hora.

En MADTEST tienes **más preguntas de este tema**, y todos tus avances quedan registrados y se reflejan en el ranking.

¡Supera tus límites con MADTEST!

Solución al test n.º 21

1. a) Un HUB de trabajo en equipo.

2. b) 93 días.

3. a) OneDrive incluye entre sus funcionalidades la publicación de contenido Web.

4. d) Que pueda editar, que pueda revisar y que pueda ver.

5. d) Todas son correctas.

6. c) Equipos.

7. d) Vuelvo enseguida.

8. a) 30 días.

9. b) Ausente.

10. d) Aceptar, Provisional, No Aceptar o Proponer nueva hora.

Cómo acceder al Curso

Auxiliar de Administración General (acceso libre)
Test

El uso de los códigos **es exclusivo de los compradores de los productos de Editorial MAD**. Cada producto posee un código único y de un solo uso. Es personal e intransferible y da acceso a servicios y contenidos adicionales. Editorial MAD se reserva el derecho de hacer cuantas comprobaciones sean necesarias para identificar al legítimo poseedor del código y dejar de dar servicio a quien haga uso fraudulento del mismo, además de emprender cuantas acciones legales estime oportunas según la legislación vigente.

Deberás acceder a:

mad.es/registro-campus

Si una vez aceptadas las condiciones de uso del Campus decides hacer uso del mismo, necesitarás del siguiente código de acceso junto con los códigos del resto de títulos que se exigen (si fuera el caso):

1F5XA8BSPR